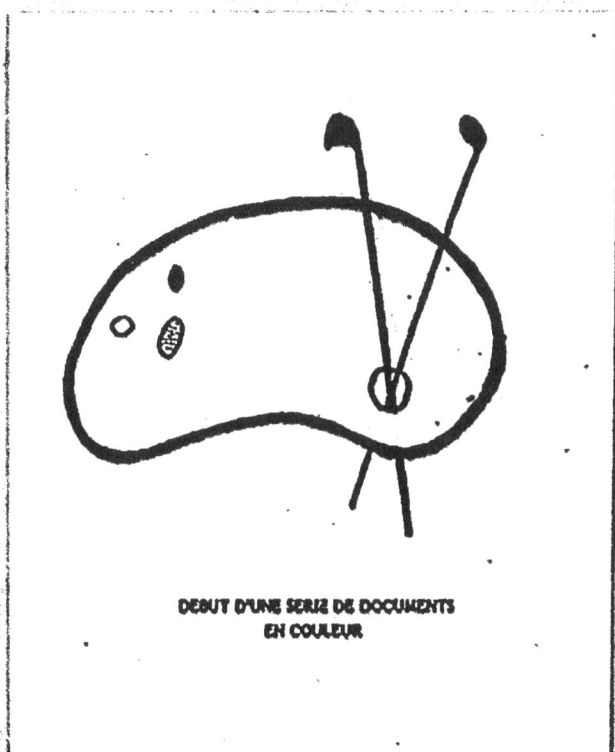

DEBUT D'UNE SERIE DE DOCUMENTS
EN COULEUR

3 mars 1851 [Héris]

CATALOGUE

D'UNE BELLE COLLECTION

DE

TABLEAUX

ANCIENS ET MODERNES,

des Écoles Flamande, Hollandaise et Française,

DONT LA VENTE AURA LIEU

LE JEUDI 13 MARS 1851, HEURE DE MIDI,

A L'HOTEL DES VENTES,

RUE DES JEUNEURS, N. 42,

Salle n° 1.

Par le ministère de M° BONNEFONS DE LAVIALLE,

Commissaire-Priseur, rue de Choiseul, 11.

Chez lequel se distribue le présent Catalogue.

EXPOSITION PUBLIQUE

Le Mercredi 12 Mars 1851, de midi à cinq heures.

Paris

IMPRIMERIE ET LITHOGRAPHIE MAULDE ET RENOU,

Rue Bailleul, 9-11, près du Louvre.

1851

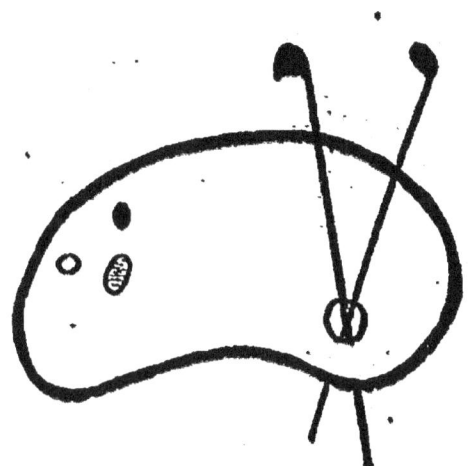

FIN D'UNE SERIE DE DOCUMENTS
EN COULEUR

CATALOGUE

D'UNE BELLE COLLECTION

DE

TABLEAUX

ANCIENS ET MODERNES,

des Écoles Flamande, Hollandaise et Française,

DONT LA VENTE AURA LIEU

A L'HOTEL DES VENTES,

RUE DES JEUNEURS, N. 42,

SALLE N° 1,

LE JEUDI 13 MARS 1851, HEURE DE MIDI,

Par le ministère de M° BONNEFONS DE LAVIALLE,

Commissaire-Priseur, rue de Choiseul, 11,

Chez lequel se distribue le présent Catalogue.

EXPOSITION PUBLIQUE
Le Mercredi 12 Mars 1851, de midi à cinq heures.

Paris

IMPRIMERIE ET LITHOGRAPHIE DE MAULDE ET RENOU,

Rue Bailleul, 9 et 11, près du Louvre

1851

ORDRE DE LA VENTE.

On commencera par le n° 1 indiqué au Catalogue, et on continuera les numéros suivants jusqu'à la fin.

La vente se fera au comptant, et les acquéreurs paieront, en sus du prix d'adjudication, cinq pour cent applicables aux frais.

ABRÉVIATIONS.

B. Bois. H. Hauteur.
T. Toile. L. Largeur.

LE CATALOGUE SE TROUVE :

A Londres,   chez MM. Farrer, Wardour Street.
A Amsterdam,   Roos, au Heerengragt.
A Rotterdam,   Lamme.
A Bruxelles,   Etienne Leroy.
A Anvers,   Van Regemorter père.
A Gand,   Van de Vinne, peintre.
A Francfort-sur-Mein,   Passavant, directeur du Musée.

AVANT-PROPOS.

La Collection dont se compose le présent catalogue a été réunie en grande partie par un marchand belge, dont le goût et les connaissances sont connus dans le monde artistique, et lui-même nous ayant indiqué les noms des auteurs qui ont peint les Tableaux, nous avons pensé ne devoir décrire que très sommairement leur sujet, et laisser aux amateurs éclairés le soin d'en apprécier et le mérite et l'importance.

febvre rue d'Chavent 13 —
D 11 à 1 h a fd. à la messe

DÉSIGNATION

DES TABLEAUX

D'HONT (ÉLÈVE DE TENIERS).

1 — La ménagère.
T. — H. 34. L. 40.

DE BRUYN (J.)

2 — Fruit dans une corbeille.
T. — H. 48. L. 38.

DE BRUYN (J.)

3 — Fleurs dans un vase, pendant du précédent.
T. — H. 48. L. 38.

GREUZE (ATTRIBUÉ).

4 — Tête de jeune fille.

T. — H. 42. L. 37.

LIEVENS (J.)

5 — Portrait d'homme habillé de noir.

T. — H. 71. L. 58.

DURIEUX (GENRE TENIERS.)

6 — Portrait d'un artiste dans son atelier.

B. — H. 30. L. 26.

BOUCHER (F.)

7 — Figures allégoriques.

T. — L. 96. H. 68.

PORBUS (P. LEJEUNE).

8 — Portrait d'homme.

T. — H.   . L.   .

WITTHOOS (H.)

9 — Plantes, fleurs, animaux et insectes.

T. — H. 70. L. 60

DEMOOR (Karl).

10 — La diseuse de bonne avanture.

T. — H. 50. L. 40.

KOEKOEK (le père).

11 — Naufrage sur la côte.

B. — H. . L. .

HUYGENS.

12 — Un perdreau pendu par la patte.

B. — H. . L.

SMEESTERS (J.)

13 — Paysage avec figures.

Collection Francolet de Liège.

T. — H. 100. L. 92.

SWAENENBURG.

14 — Paysage dans le genre de Both dont cet artiste, inconnu en France, était le principal élève.

T. — H. 90. L. 117.

BREKELENCAMP (QUIRIN).

15 — Intérieur.

B. — H. 49. L. 63.

VAN DEN BERGEN (THIERRY).

16 — Marche d'animaux traversant une mare d'eau.

T. — H. 41. L. 47.

WYNANTS (JEAN).

17 — Paysage avec tertre sablonneux.

B. — L. 83. H. 60.

HUCHTENBURG (J.)

18 — Un marché aux chevaux.
Collection du médecin Vervier à Gand.
T. — H. 41. L. 50

VAN DER NEER (EGLON).

19 — Portrait d'un magistrat hollandais.
C. — H. 55. L. 42.

ZORG ET REGEMORTER PÈRE.

20 — Extérieur rustique.
B. — H. 69. L. 59.

RUYSDAEL (SALOMON).

21 — Vue prise sur une rivière en Hollande.
B. — H. 84. L. 52.

LUINI.

22 — La Vierge avec l'Enfant Jésus.
B. — H. 37. L. 30.

DIETRICI (G.-B.)

23 — Loth et ses filles.
Collection de Vrancken de Lokeren.
B. — H. 43. L. 33.

VAN AELST (Guillaume).

24 — Nature morte.
T. — H. 41. L.

ASSELYN (Jean).

25 — Paysage avec pont et figures.
T. — H. 82. L. 58.

BERKHEYDE (Guerrit).

26 — Intérieur d'une église.
T. — H. 97. L.

QUERFURT (de Vienne).

27 — Choc de cavalerie.
T. — H. 42. L. 61.

QUERFURT (DE VIENNE).

28 — Pendant du précédent.
T. — H. 42. L. 61.

PYNACKER (A.)

29 — Paysage avec figures.
T. — H. 35. L. 27.

GREUZE (ATTRIBUÉ à).

30 — Tête de jeune fille.
T. — H. 31. L. 18.

POLEMBURG (CORNEILLE).

31 — Baigneuses dans un paysage.
Collection Kestlunger de Vienne.
B. — H. 32. L. 43.

VAN DER NEER (ARTHUR).

32 — Paysage, vue prise en Hollande au déclin du jour.
T. — H. 30. L. 41.

MICHAU (Théobald).

-33 — Paysage avec figures.

T. — H. 67. L. 81.

VAN HUYSUM (Juste).

34 — Un bouquet de fleurs dans un vase.

T. — H. 120. L. 92.

DE HEEM (Jean).

35 — Nature morte et vivante : Fleurs, fruits, plantes, insectes, etc., etc.

T. — H. 133. L. 112.

RUYSDAEL (Salomon).

36 — Vue au bord d'une rivière avec barques de pêcheurs.

B. — L. 84. H. 52.

MAES (Nicolas).

37 — Boulangère dans sa boutique; elle fait de la dentelle.

T. — H. 75. L. 62.

KONING (Salomon).

38 — L'enlèvement d'Europe.

T. — H. 70. L. 80.

REYNOLDS (Josué).

39 — Un enfant avec un chien. Esquisse.

T. — H. 61. L. 51.

VAN TOL (Dominique).

40 — Jeune femme sortant du bain.

B. — H. 26. L. 20

ZORG (Henri Roch).

41 — Intérieur d'une chambre rustique.

B. — L. 74. H. 53.

PIERRE D'HOOGH.

42 — Intérieur avec quatre figures.

B. — L. 39. H. 31.

GAEL (Barent).

43 — Attaque d'un convoi.

T. — H. 47. L. 40

OMMEGANCK (P.-B.)

44 — Paysage avec moutons.

B. — H. 26. L. 34.

ASSELYN (Jean).

45 — Paysage, vue prise en Italie.

B. — H. 33. L. 27.

STEEN (Jean).

46 — Intérieur de cabaret.

T. — H. 47. L. 60.

CONINXLOO.

47 — La Vierge avec l'Enfant Jésus.

B. — H. 29. L. 25.

BERKHEYDE (GOBBART).

48 — Vue prise d'une maison de campagne en Hollande.

B. — H. 52. L. 66.

VAN SLINGELAND (PIERRE).

49 — Intérieur d'une chambre rustique. Une femme à côté d'un enfant puise de l'eau.

Collection Vermeulen de Coblentz.

B. — H. 29. L. 25.

WATTEAU.

50 — Jeune femme en costume de pélerine.

T. — H. 37. L. 12.

VANDAEL (J.)

130 . 51 — Des fleurs dans un bocal en cristal.
Provenant de la Malmaison.
B. — H. 32. L. 23.

RUYSDAEL (Salomon).

210 . 52 — Vue prise sur une rivière en Hollande.
B. — H. 53. L. 75.

HUYGENS.

170 . 53 — Un faisan mort.
B. — H. . L. .

LECKERT (peintre Hollandais).

120 . 54 — Vue d'une campagne aux environs d'Amsterdam.
B — H. . L. .

TENIERS (David).

175 . 55 — Des chasseurs sur un monticule.
T. — H. . L. .

VERTANGEN.

56 — Le bain de Diane.

B. — H. 29. L. 36.

HUYSMANS (DIT DE MALINES).

57 — Paysage avec figures.

T. — H. . L. .

CANALETTI.

58 — Vue prise à Venise.

Collection Forbin.

T. — H. 46. L. 71.

CANALETTI.

59 — Pendant du précédent.

T. — H. 44. L. 71.

VAN MIERIS (GUILLAUME).

60 — Joseph et Putiphar.

B. — H. 37. L. 33.

VAN DER HELST (Bartholomé).

61 — Assis devant une table couverte d'un tapis, un bourgmestre hollandais semble méditer sur ce que lui dit un personnage debout devant lui.
Collection Woormans d'Amsterdam.
T. — H. 160. L. 130.

GONZALES COQUES.

62 — Portraits de famille dans un paysage.
T. — H. 102. L. 93.

MOUCHERON (F.) et VAN DE VELDE (A.)

63 — Paysage avec figures et animaux.
T. — L. 34. H. 26.

VAN MIERIS (Guillaume).

64 — Sujet de la chaste Suzanne.
B. — H. 37. L. 33.

VAN ELVEN (ARTISTE HOLLANDAIS)

65 — Vue prise sur le Haring pakkery et une partie du port à Amsterdam.

B. — H. 50. L. 63.

VAN ELVEN (PIERRE).

66 — Vue prise sur la cathédrale à Amsterdam. Pendant du précédent.

B. — H. 50. L. 63.

TORENVLIET.

67 — Intérieur de cabaret.

T. — H. 43. L. 43.

BEGHYN.

68 — Paysage avec bestiaux.

T. — H. 32. L. 35.

WEENIX (JEAN).

69 — Une dame, richement vêtue, assise dans un jardin, ayant à ses pieds un chien épagneul et à côté un vase contenant des fleurs.

T. — H. 86. L. 72.

RUYSDAEL (Jacques).

70. — Paysage avec cascade, vue prise en Norvège.

T. — H. 59. L. 66.

VAN DE VELDE (Guillaume).

71. — Une eau légèrement agitée couverte d'embarcations.

Collection Moorhead, voir Smith, n. 261.

T. — H. 71. L. 90.

On vendra au commencement de la vente quelques beaux Cadres en bois sculpté.

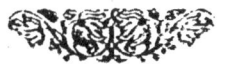

Imp. Maulde et Renou, r. Bailleul, 9-11.

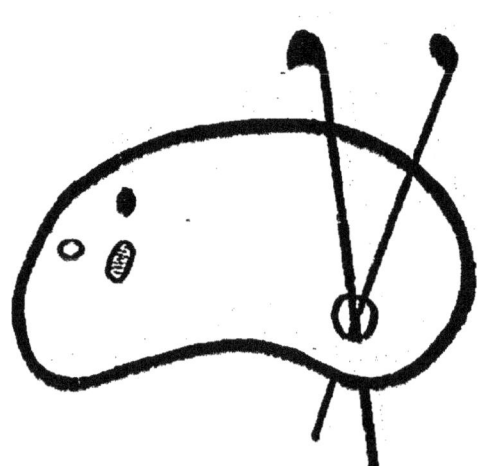

www.ingramcontent.com/pod-product-compliance
Lightning Source LLC
Chambersburg PA
CBHW051533240526
45471CB00019B/1325